Alejandro Orozco Rubio

Héroes
entre nosotros

DIAMANTE

ISBN 978-607-7627-76-0

Derechos reservados: D.R. © Alejandro Lucas Orozco Rubio. México, 2015.
D.R. © Ediciones Selectas Diamante, S.A. de C.V. México, 2015.
Mariano Escobedo No. 62, Col. Centro, Tlalnepantla, Estado de México,
C.P. 54000, Ciudad de México. Miembro núm. 2778 de la Cámara Nacional de
la Industria Editorial Mexicana.
Tels. y fax: (0155) 5565-6120 y 5565-0333
EU a México: (011-5255) 5565-6120 y 5565-0333
Resto del mundo: (0052-55) 5565-6120 y 5565-0333
informes@esdiamante.com   ventas@esdiamante.com
Diseño de portada y formación: L.D.G. Leticia Domínguez C.

www.editorialdiamante.com
facebook.com/GrupoEditorialDiamante
twitter.com/editdiamante

IMPRESO EN MÉXICO / PRINTED IN MEXICO

Esta obra se terminó de imprimir en noviembre de 2015 en
Quad Graphics, Durazno No 1, Col. San José de las Peritas,
Del. Xochimilco, C.P. 16010, México D.F.
ESD 1e-76-0-M-5-11-15

ÍNDICE

AGRADECIMIENTOS

Agradezco al personal del Instituto Nacional de las Personas Adultas Mayores, hombres y mujeres con verdadera vocación de servicio a estas personas, quienes llevan adelante todo tipo de tareas: atender las cocinas, servir con paciencia y amor a los adultos mayores (muchos de ellos solos, tristes y vulnerables), ayudándolos en sus necesidades más primarias, limpiándolos, escuchándolos, acompañándolos cada día.

Al padre Solalinde, reconocido activista dedicado a apoyar a migrantes que cruzan nuestro país rumbo a Estados Unidos; a don Jesús Castelazo, quien ha dedicado los últimos setenta años de su vida a compartir los principios y valores de la Biblia en el estado de Chiapas, principalmente; y al rabino Abraham Palti, hombre de principios y gran ejemplo para su comunidad. Todos ellos aceptaron compartir en este libro sus historias de vida o algún tema relacionado con la promoción de la **cultura del envejecimiento**.

A Raquel Bessudo, Alejandra Ambrosi, Lolita Ayala, Fernanda Familiar, Janett Arceo, Mariano Osorio, Ernesto D'Alessio, al Dr. Luis Miguel Gutiérrez Robledo, director del Instituto Nacional de Geriatría, quienes decidieron apoyar este gran proyecto comprometiendo el alma en ello.

A mi esposa e hijos, que son lo mejor de mi vida. Ellos me han permitido aprender, reconsiderar muchas veces y rectificar otras tantas; gracias por su apoyo, su paciencia y su exigencia; si he logrado ser mejor un poco cada día es por ustedes.

¡Gracias a cada uno y a todos!

1

HÉROES ENTRE NOSOTROS

Eres un héroe…

si has ayudado a otras personas en los momentos difíciles…

si has sacrificado tiempo, dinero, atención y trabajo en favor de quienes has amado…

si te has levantado después de las caídas, para seguir luchando…

si has vivido intensamente…

si has dado a la vida lo mejor de ti…

Casi todas las personas mayores de setenta años podrían

Casi todas son héroes.

HÉROES ENTRE NOSOTROS

En el mundo de los comics y las películas de ciencia ficción, a los héroes se les respeta; se les trata bien. Por eso, el buen trato y el respeto hacia una persona mayor es exigible y no una simple dádiva o concesión generosa.

Don Jaime Rosales tenía ochenta y cinco años. Vivió los últimos quince en un asilo. Estaba enfermo y cansado. Fue desahuciado por un cáncer de próstata que hizo metástasis. Los médicos dijeron que le quedaban escasos dos o tres meses de vida. No más. Su hijo y su nuera, a quienes no había visto desde cinco años atrás, lo visitaron en el hospital.

—Papá, me enteré del diagnóstico —le dijo Raúl—. ¿Qué necesitas? ¿Te podemos ayudar?

Las preguntas de su hijo le sonaron algo así como "ya que vas a morir ¿cuál es tu última voluntad?". No le preguntó si quería que buscaran una segunda opinión médica. Dio por hecho que estaban despidiéndose.

—Papá, ¿me escuchas? Te pregunté qué necesitas.

Don Jaime movió la cabeza.

¿Qué necesito?

Pensó...

Cuando las fuerzas menguan y el tiempo se acorta, los viejos vivimos grandes luchas; a veces deseamos pedir perdón y no sabemos cómo hacerlo. Tal vez queremos ver a todos nuestros hijos y nietos y abrazarlos, sólo abrazarlos, pero tenemos miedo de no poder llegar o que nos rechacen. Que digan entre ellos "¡tú no sabes lo que me hizo!, ¡no te imaginas cómo es!, hay hechos y trechos que no se borran".

Don Jaime había sido un hombre duro. Trabajador. Poco tolerante… A veces llegó a ser violento (irracionalmente violento y agresivo); quizá por la manera en que lo educaron, ésa fue la forma en la que él pensaba que debía actuar con sus hijos.

—No necesito nada, hijo. Estoy bien. Muriendo en paz.

—¿De veras estás en paz?

Giró la cabeza. Quiso decir: "No. No estoy en paz. Me descubriste. Para estarlo necesito tu perdón… Y si se pudiera, también me harían bien unos minutos de atención, algo de cariño, a veces dinero; y todo esto aunque es poco, lo necesito mucho".

Laura, la esposa de Raúl, nunca pareció muy interesada en su suegro, pero era una mujer sensible y el cuadro de ese anciano agonizante en tan precaria situación la conmovió.

—Don Jaime, usted tiene que abandonar el hospital mañana.

—Lo sé. Ya no pueden hacer nada por mí. Quieren que me vaya a morir a otra parte.

—Venga con nosotros.

—Pero mis nietos no me quieren —objetó el anciano—. Nadie me quiere. Todos me abandonaron en un asilo desde hace quince años.

Raúl guardó silencio. Había en las palabras de su padre un dejo de reproche.

—Voy a llamar a tus nietos. Están en la sala de espera.

Don Jaime cerró los ojos.

A los pocos minutos escuchó una discusión lejana. Don Jaime casi había perdido la vista a causa de unas cataratas inoperables, pero su oído estaba incólume, perfecto. Escuchaba mejor que muchos jóvenes. No pudo evitarlo. Las voces de sus nietos eran inconfundibles, agudas, caprichosas.

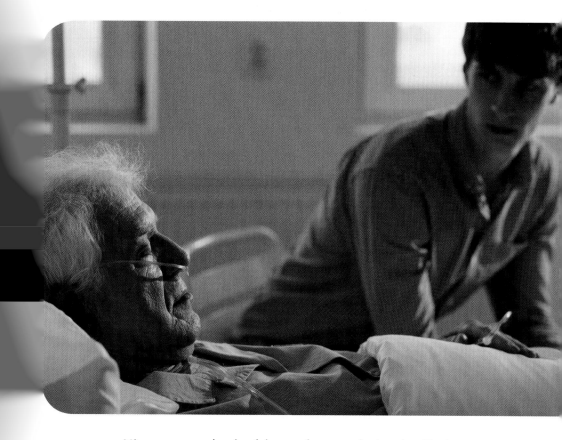

—Ni creas que le daré la recámara al abuelo. En la casa no hay espacio. ¿Por qué no se va al asilo de nuevo?

—Sí, papá, ¡piensa! Ni modo que duerma en la sala. ¡Ya me imagino! Una cama de hospital en la entrada de la casa, donde recibimos a las visitas. Es absurdo. Además, ¿quién lo va a atender? Tiene muchas necesidades. No puede caminar bien. Está casi ciego. Es grosero y exigente.

—Como ustedes.

—¡No queremos que venga a la casa!

—¡Es su abuelito! Se va a morir muy pronto. Hagamos algo por él.

—¿Y él qué ha hecho por nosotros? A ver. Dinos.

—Exacto. No ha hecho nada por nosotros. Él sólo da molestias.

Los jóvenes habían dominado la polémica.

El alma de don Jaime Rosales se resquebrajó. Fue como si hubiese recibido una puñalada. Sus nietos lo consideraban un estorbo inútil y ante la pregunta de "qué había hecho por ellos", su hijo Raúl se quedaba callado sin saber qué contestar.

Apretó los párpados para evitar que las lágrimas le mojaran el rostro, pero algunas se le escaparon.

Se secó con las manos y al hacerlo jaló la manguera de suero. Quiso taparse los oídos. Dormir. Desmayarse. Morir.

2

DERECHO A SER PERDONADOS

Don Jaime fue uno de muchos amigos que conocí cuando tuve el privilegio de estar al frente del Instituto Nacional de las Personas Adultas Mayores.

¡Esa etapa me permitió aprender tanto!; con algunos de ellos me enriquecí recibiendo una mirada profunda, de ésas que los viejos sabemos dar, un poco inquisidora y otro tanto benevolente. Con otros, un apretón de manos o unas cuantas palabras, un fuerte abrazo, un diálogo cotidiano, cientos de detalles que me llevaron a reevaluar muchas instancias de mi propia vida.

En ese lugar aprendí que nuestros ancianos tienen derechos que hemos olvidado.

El primero, aunque suene duro decirlo así, y no en todos los casos se aplique con la misma fuerza: tienen derecho a ser perdonados.

Perdonar a tus viejitos es una decisión; basta entenderlo para vivir la libertad que trae a nuestra vida y a la de la familia esa reconciliación voluntaria.

Si perdonar fuera sólo cuestión de sentimientos, tendrían que suceder muchas cosas buenas para compensar el daño, el abuso o la ausencia, pero ya no hay tiempo. Ni justicia. No se puede reparar el daño o pago de pena. Los ancianos no tienen ya con qué pagar, emocional, física ni económicamente.

Cuando decido perdonar, cedo el derecho de cobrar o de vengarme o de ser compensado, y puedo hacer esto por alguien aunque ya no esté en este mundo.

¡Cuántos viejitos sufren hoy los mismos maltratos y errores de sus propios padres!

Ellos necesitan comprensión.

Algunos hemos dicho: "Yo no voy a hacer eso con mis hijos", pero al paso del tiempo, nos sorprende estar haciendo lo que nos prometimos no hacer. Muchas veces se trata de lo que hemos aprendido, de esas heridas que cargamos por generaciones sin haber vivido un proceso de sanación y perdón; por eso repetimos escenas, ofensas... los mismos errores.

¿Cómo te sientes al equivocarte otra vez con tus hijos? Terrible, ¿verdad? Quizá tus viejos se sentían igual contigo. Quizá tus viejos no encontraron la manera de pedirte perdón, compensarte o lograr que lo olvidaras rodeándote de amor.

Recuerda: el perdón no es sólo "liberarlos" del peso de la culpa; ¡también tú eres liberado de un peso!, el del rencor, que si no se cura, va contaminando poco a poco todas nuestras acciones.

Vas hacia donde ellos están. Si no abandonas este "mundo cruel" antes de tiempo, llegarás a viejo. Entonces tus fuerzas se reducirán, esa vitalidad que te hace presumir que todo lo puedes y que nada te hace falta irá disminuyendo. Aun cuando te sea difícil aceptarlo, ni modo... así es, así será y no fallará.

Por eso, ¿por qué no empezar a cambiar la historia? Y cuando hablo de perdón, no me refiero a grandes discursos donde se enliste todo lo que han hecho mal; más bien se trata de aceptar que no fueron perfectos, que de seguro han cometido muchos errores, pero que siguen aquí; y que el tiempo de ESTAR con ellos es hoy.

A veces, al ver a los adultos mayores caemos en el error de creer que ya no necesitan nada, que les basta con un sillón cómodo y un televisor a control remoto para pasar sus días en paz. Las personas mayores lo poco que necesitan, lo necesitan mucho.

¿Qué tal un juego de cartas?

¿Qué tal compartir esas galletitas o ese rico rompope o llevarlos a tomar un café a un restaurante (aunque tengas que leerle el menú como él o ella lo hacían cuando eras niño o niña)?

¿Por qué no oír sus historias decenas de veces?, ¡sí!, las mismas, sin interrumpirle y ¡no hacerle notar que ya sabes de memoria lo que va a decirte!

¿Qué tal leerle el libro que está ahí en su buró, revisar juntos ese cajón donde guarda sus tesoros, esas viejas mancuernillas que le regaló Fulano, o ese reloj que ya ni sirve y que compró en su primer viaje a no sé dónde, o esas cartas de amor que le envió su amado esposo y que lee todos los días, desde que él murió?

Y es ahí precisamente, como un valioso tesoro, donde guarda esa notita tuya que con prisa y con poca atención le escribiste hace mucho tiempo…

¿Sabes?, cuando se hayan ido, es muy probable que de cualquier manera tengas que vaciar esos cajones… Date la oportunidad de hacerlo con ellos.

¿Dinero? Sí, también; nada puede ser más angustiante que necesitar algo de dinero y físicamente no poder ganarlo. ¡O peor aún, que mentalmente ya no tengas esa capacidad!

El terrible engaño de muchos adultos ingratos es: "Yo tengo que ver por mis hijos únicamente, ¡ésa es la ley de la vida! Mis padres ancianos tienen la culpa por no prever".

Te propongo una ley más sublime, la Ley del Amor…

Es tan poco lo que ellos necesitan…

Oye, ¡reacciona! Siempre se le podrá poner un poco más de agua a los frijoles.

Piensa en esto: ¡si discriminamos por la edad, algo estamos haciendo mal!

El perdón es una decisión y es la puerta a ese hermoso y cada vez menos presente sentimiento que es el amor, tan necesario, tan valioso, tan poderoso.

El amor es, sin duda, la mejor arma que podemos esgrimir contra la desigualdad, la injusticia, la violencia y la corrupción. Puede cambiar el más duro corazón, la mente más dañada y desviada; puede sanar cualquier daño en la familia que es, y seguirá siendo, el núcleo de la sociedad y el vehículo de transformación de la humanidad.

3
LA CUARTA PARTE DE TU ADN

Alguien tocó el hombro de don Jaime.

Él lo sintió, pero permaneció con los ojos cerrados.

—¿Me escucha? —la voz de Laura, su nuera, le hablaba casi al oído—. Ya nos pusimos de acuerdo. Estamos aquí toda la familia. Raúl y nuestros hijos. Queremos que venga a vivir con nosotros.

Don Jaime entreabrió los ojos; las cuatro figuras borrosas aparecieron frente a él.

—¡No! ¿Por qué haría eso?

—Porque queremos que venga.

Movió la cabeza.

El joven jaló a su madre de la manga y susurró:

—No le ruegues.

Don Jaime reprochó:

—Sí, Laura; no me ruegues. Soy un viejo necio, que sólo da molestias y que nunca ha hecho nada por ustedes.

—Eso es mentira, don Jaime. Sí ha hecho muchas cosas.

—¿Qué?

Silencio.

—Muchas.

—¿Cuáles?

Laura habló con voz tenue, pero poco a poco fue elevando el volumen, a medida que ganaba seguridad en su argumentación:

—Usted trabajó muy duro. Sí, claro, Todos trabajamos, pero usted ha hecho, digamos, más horas, más días, más lustros de vuelo. Eso es un mérito. Porque nunca dejó de trabajar en ¿cuántos años? ¿Cincuenta? ¿Sesenta? Ganó dinero para sostener los estudios de sus hijos; les ayudó a conseguir empleo, a poner negocios. Los aconsejó y guio. Fue un hombre de carácter fuerte: un luchador. Aunque cometió errores, como todos, los rectificó y siempre hizo el bien. Gracias a usted yo tengo esposo. Y familia. Mis hijos deben entender que la cuarta parte de la sangre que corre por sus venas es de usted...

La última frase hizo que don Jaime esbozara una sonrisa secreta que no alcanzó a reflejar en el rostro. Pero era una bonita manera de decirlo: cada abuelo aporta a sus nietos una cuarta parte de su ADN, herencia cultural, gustos y personalidad.

—No quiero dar molestias.

—Será un honor tenerlo.

—No te creo.

—También nos hará un favor a nosotros.

—¿Cómo?

—A los nietos siempre les hace bien aprender a compartir con su abuelo.

Los muchachos miraron hacia arriba con fastidio.

—¿Y dónde dormiría? —condescendió don Jaime—. ¿En la sala de su casa? Imaginen —repitió la arenga—. Una cama de hospital a la entrada de la casa. Donde reciben a las visitas. Es absurdo.

—No, don Jaime —respondió su nuera—, nuestros hijos le cederán su propia recámara. El primer mes, Susanita, y el último mes Raulito.

—El último...

—Perdón —quiso rectificar—, no digo que usted se vaya a morir en dos meses, sino que los muchachos deberán turnarse...

—Sí, papá —dijo al fin Raúl con voz apocada—. Vamos.

Ése fue el inicio de una aventura inverosímil.

Don Jaime, desahuciado, cansado, casi ciego, salió del hospital y fue llevado a la casa de su hijo Raúl a pasar sus últimas semanas de vida.

Pero nadie sabía que él viviría catorce meses más y que la decisión de llevarlo a esa casa cambiaría radicalmente la vida de todos.

Don Jaime creyó que, en efecto, sus nietos lo aceptarían como huésped. Que harían al menos el esfuerzo de tolerarlo.

No fue así.

4

CLAMOR DE JUSTICIA

Don Jaime al menos tenía a alguien que trataba de ayudarlo, pero conocí a muchos ancianos cuyas familias no sólo no les tendieron la mano, sino que les metieron el pie para tirarlos ¡y hundirlos más! Un sinnúmero de historias de despojo. Viejitos a quienes sus hijos les quitaron todo. Y cuando digo *todo*, es todo. Les quitaron el abrazo, el beso, el cariño, la conversación. Los juzgaron de inútiles porque sus manos temblaban. Les dijeron *anticuados* y no le quisieron dar ni enseñar a usar los más mínimos aditamentos de la modernidad. Conocí a hijos que robaron a sus padres ancianos casas, joyas, ahorros,

Aprendí, ante tantos ejemplos de abuso y agresiones, que los adultos mayores necesitan ser defendidos.

Hoy en día existe una cultura muy difundida de defensa y ayuda a las ballenas, a las focas, a los insectos del Amazonas; la sociedad se suma para apoyar a gritos a las minorías étnicas, a las personas con capacidades diferentes o a las sociedades de convivencia formadas por homosexuales, ¡pero esa misma sociedad le da la espalda a sus propios abuelos y los trata con desprecio, impaciencia y abuso!

Por eso insisto en que apoyar en su necesidad a las personas mayores es y debe ser considerado un deber social inalienable.

Está en nosotros promover un cambio en la cultura del trato y consideración a los adultos mayores. Lo escribo como un clamor de justicia: ¡es imperativo que cada uno de nosotros sea considerado y amable con los viejecitos!; ¡dejar de calumniarlos, despojarlos y agredirlos!; ¡ser solidarios y darles nuestro respaldo!

Es un tema de derechos y en ese sentido todos debemos hacer algo y pronto, porque los adultos mayores lo merecen, ¡sí, lo merecen!

Cuando comprendí lo anterior comencé el proceso de escribir este libro y hacer una campaña (en medios digitales, e invitando a sumarse a grandes personalidades) para generar un cambio en la mentalidad de la sociedad, hacia nuestros viejos, ¡porque debemos dejar de discriminarlos! Entendiendo que todos llegaremos a viejos y que cada buen trato, cada sonrisa, cada muestra de respeto, la podremos recibir cuando sea nuestro turno de estar en sus zapatos.

Recuerdo a una preciosa mujer mayor que ni siquiera me dejaba terminar de explicarle el proyecto de este libro y ya insistía: "¡Cuenta conmigo!". Otra amiga muy estimada amablemente nos invitó a su casa y nos presentó a sus hijos, permitiéndonos entrar en su intimidad y dándome la confianza de que un proyecto como éste se realizaría.

Recuerdo a uno de los amigos mayores que al invitarlo a participar dudó y después, recapacitando, me dijo: "Es que yo no estoy tan viejo todavía, pero sí te ayudo". Me reí y conmoví mucho por su respuesta.

Todo lo bueno que disfrutamos hoy como nación, lo han hecho posible ellos, trabajando arduamente y muchas veces sin descanso la friolera de cuarenta o cincuenta años.

5

LA MENTE NO ENVEJECE

Don Jaime se hospedó en la sala.

Ocupó el sillón principal para dormir. Puso sus escasas pertenencias en el suelo.

Como la casa era de dos pisos y él no podía subir las escaleras, convenció a sus nietos de que cada uno permaneciera en su habitación. Los chicos se mostraron felices. Por poco tiempo. Laura ordenó que un miembro de la familia debía hacerse cargo del abuelo por las noches para ayudarlo a tomar sus medicamentos, acomodarlo y limpiarlo antes de dormir.

Los nietos detestaban la tarea y hacían lo posible por evadirla.

Jóvenes que tradicionalmente encabezan luchas nobles contra la injusticia, para combatir la violencia y el maltrato, hoy son los más ignorantes respecto a la **cultura del envejecimiento**, que debe procurar una buena condición de vida para los ancianos.

Como sus nietos lo detestaban y sus hijos apenas lo toleraban, don Jaime pasaba enojado o deprimido casi todo el tiempo. Para él era terrible estar enfermo, terminar sus días así, como estorboso huésped de una casa que no era suya; sin un centavo en la bolsa, con ganas de moverse y trabajar y salir a pasear, pero inmovilizado por dolores que le quitaban el aliento.

Porque la mente no envejece. Porque, en el fondo, uno sigue siendo joven siempre. Pero el organismo se queda sin fuerzas y no responde.

Una noche, su hijo Raúl lo atendió y arropó en silencio. Luego preguntó:

—¿Estás bien, papá?

Don Jaime sabía que debía responder *sí, gracias*, pero qué más daba. En cualquier momento moriría. Así que se atrevió a decir:

—No. No estoy bien.

—¿Sigues con dolor?

—El dolor del cuerpo permanece día y noche... como una llaga quemante. Pero puedo soportarlo. El dolor que me mata es del alma.

—¿A qué te refieres?

—Siento que el desenlace de mi vida es patético.

—Ya vas a empezar. Te pones depresivo por las noches. Duérmete.

—Tantos años, tantas caídas, tantos levantares. Tanta experiencia... ¿Y para qué? Todo se va conmigo a la tumba. Eso platicaba con mis amigos del asilo: los viejos hemos sido testigos del primer hombre en la Luna, la caída del muro de Berlín y la disolución de la Unión Soviética; por otro lado, hemos sentido la angustia y el temor al vivir u oír de los desastres naturales como terremotos, huracanes, *tsunamis*, erupciones y epidemias; en el aspecto económico, hemos padecido las devaluaciones, inflaciones, depresiones y quiebras de bolsas de valores y grandes empresas; o los accidentes multitudinarios de trenes, barcos y aviones, que no sé si antes no sucedían tantos y tan seguido o es que hoy nos enteramos de inmediato de lo que acontece en el mundo. Asimismo, otros hechos que con mayor tristeza recuerdo, pues hemos sido testigos de guerras, asesinatos de grandes personajes, golpes de Estado, atentados terroristas como el de las Torres Gemelas y tantas otras situaciones que nos han afectado de manera emocional, física, financiera o en lo político. Muchas para bien, otras para mal o sólo como parte de la realidad. Sin duda, con todo lo que hemos vivido, algo tenemos que hacer todos y pronto.

—Papá, deja de filosofar y ya duérmete. Mañana tengo que despertar temprano. No puedo estar oyendo tus memorias toda la noche.

—¿Y por qué no me dices qué piensas tú de todas esas memorias? Me haría bien escuchar lo que ha quedado en tu corazón después de haber convivido conmigo durante toda tu vida.

—Qué cosas tan raras dices.

—¿Te acuerdas de lo que solías regalarme el Día del Padre?

—No.

—Cuando eras niño, no teníamos mucho dinero y tu madre les inculcó a ti y a tus hermanos un hábito hermoso: en vez de comprar regalos caros, nos daban algo del corazón.

—Una carta.

—Sí. O un poema, o un trabajo manual con nuestro nombre o con la palabra papá...

—No querrás que ahora... a estas alturas... ¿Quieres que te escriba una carta?

—Tengo mucho tiempo libre para leer.

—Pero yo ya no escribo. Nadie lo hace. Es otra época. Ahora las cosas se dicen de forma diferente.

—Por mensajitos electrónicos.

—Caray, papá. Tienes ochenta y cinco años y no maduras.

—La mente no envejece, ¿sabes esto? Aunque no tenga hormonas ni fuerzas, me sigo asombrando de la belleza de una chica o de las curvas de un automóvil deportivo. En el fondo, uno sigue siendo joven siempre. Es el cuerpo el que se acaba.

—Hasta mañana, papá.

Y apagó la luz.

—Hasta mañana.

Mi padre fue muy violento también. En el pasado era cotidiano que un padre se burlara de sus hijos, que les gritara, insultara o golpeara. En un par de ocasiones terminé sin poder moverme por las golpizas que me propinaba; eso provocó en mí un constante temor que se incrementó conforme fui creciendo, al grado de que decidí salir de mi casa muy joven y tuve que enfrentar al mundo solo desde entonces.

Pero la vida me hizo entender muchas cosas.

Con los años, la relación con mi papá fue viviendo una transformación positiva, él inició un proceso de acercamiento a Dios, y eso lo llevó a un cambio en lo cotidiano, en la manera de relacionarme con la familia, y pienso que en especial conmigo.

Su cambio coincidió con mi propia decisión de dejar de lado el rencor e intentar aceptar, de dejar de mirarlo sólo por lo que no me dio, para empezar a valorar lo que sí tengo y soy gracias a él.

A mi viejo le gustaba que rasgara la guitarra, siempre soñó verme artista, y aunque no terminé como músico, creo que en gran parte ese sueño suyo me empujó a escribir.

Sé que no es fácil escribir y mucho menos a nuestros viejos; hacerlo puede remover sentimientos que preferiríamos ocultar porque duelen. Recordar es vivir pero también sufrir; mucho depende de las propias experiencias.

Yo me animé a hacerlo con mi papá, tiempo después de su partida:

¡Te quiero tanto, viejo!
Extraño todo de ti:
el abrazo no dado,
la potencia en la risa,
las lágrimas tras la puerta del baño,
el sarcasmo que bailaba entre tus bromas,
tus fallas y aciertos,
todo de ti.

Aprendiste a ser fuerte
escondiendo temores y carencias,
muro que alejaba las caricias
que tantas veces quise dar y no pude,
colmando de silencios nuestro día a día.
Lo que creías fortaleza
fue sembrando en mí el miedo,
y me enseñó a no decir *te quiero*.

Pero la vida dio revancha,
el perdón y el amor nos encontraron,
moviendo la balanza hacia los sueños.
Hoy te abraza la otra vida
y sin verte en todo estás.

Y cuando a veces, a solas,
siento el peso del día,
me atrevo a ser más hombre
llorando la distancia de tu abrazo,
y vuelvo a ser niño en el recuerdo
de tu mano sosteniendo mis pasos.

Si pasara lista a la memoria,
de ti he tenido la mejor escuela:
tu constante honestidad,
tu gran responsabilidad
y el incansable ánimo a la hora del trabajo.
A todo esto le sumo
eso que creías no mostrar:
tu ternura en la mirada
y el anhelo constante de vernos alcanzar
las cimas que tus pies no cruzaron.

Me pensabas de muchas formas:
artista, creador, famoso,
y puedo decirte que a mi modo
soy todo eso y más,
cuando juego en el abrazo
de los que hoy me llaman *padre*.

En estas líneas quiero hablarte
no de deudas o pendientes
sino del mundo que vivo,
de los sueños que persigo,
de este hombre que soy
gracias a tu esfuerzo y cariño.

Hasta pronto, viejito.
Si nuestro Dios nos concede
que en su morada eterna
nos encuentre el abrazo,
¡prepárate!
¡Tengo tanto que decirte,
tanto que contar y compartir,
tanto que reír y llorar,
tanto que decir, mi viejo!…

¡Cuánto me has bendecido!
Te quiero, viejo;
te quiero por siempre.

Querido lector: escríbele a tus viejitos. Ellos lo necesitan, y tú también.

Al día siguiente, Raúl estuvo sentado durante horas con un bolígrafo en la mano. Arrugó más de diez hojas y volvió a empezar, pero fracasó recurrentemente en el intento.

Varias semanas después, fue su hijo Raulito quien pudo escribir algo.

Inspirado en su abuelo.

6

SU LEGADO

Después de cuatro meses, todos en casa se habían habituado a la presencia de don Jaime. Los peores momentos de protestas y discusiones por su causa habían sido superados. Sólo quedaba un ambiente de tensa resignación.

El abuelo en la sala causaba molestias ingentes. Las visitas, antes tan frecuentes, habían cesado; la sala-comedor se había convertido en un cuarto de hospital, y en el aire se percibía el olor inconfundible a medicamentos.

Aquella noche era el turno de Raulito para cuidar a su abuelo. El joven se derrumbó en la silla de visitas poniendo la *laptop* sobre sus piernas.

—¿Tienes tarea?

—Sí, abuelo. Odio escribir. Debo hacer un ensayo de mil palabras sobre los valores de mi país. ¿Lo puedes creer, abuelo?

Don Jaime se incorporó un poco sobre los codos, como olvidando momentáneamente sus dolores.

—¡Los valores de tu país! —repitió el anciano.

—Sí. ¿Eso para qué sirve? Tengo un profesor cursi y anticuado.

—Por eso tal vez podrías pedir la opinión de otro sujeto cursi y anticuado.

—¿Tú me puedes ayudar a escribir sobre los valores de mi país?

—Escribe.

Don Jaime comenzó a dictar.

Fue como preguntarle a un artista sobre los pormenores de sus obras favoritas.

Raulito escribió y sonrió.

Iba a obtener buena calificación en esa tarea. Pero lo más importante no era eso, sino lo que estaba descubriendo en el corazón de su abuelo: *el amor a un país que había sido forjado por personas como él.*

Cuando me enteré de la anécdota no pude evitar escribir mis propias reflexiones.

En el Instituto Nacional de las Personas Adultas Mayores tuve amigos diversos: pintores, músicos, maestros, carpinteros, trabajadores de la construcción, doctores. Todos retirados. Todos con una historia interesante. Una historia de

cosas grandes y no tan grandes... pero todos con recuerdos de algo bueno sembrado en su patria.

Cuando en la primaria me enseñaron el respeto a nuestra bandera y a cantar con fervor el Himno Nacional, fue sembrada en mí esa sensación de pertenencia y satisfacción por haber nacido en esta tierra maravillosa.

¿Cómo no vibrar escuchando esos valses típicos o esos corridos revolucionarios, aun sin haber vivido todo lo que pasó en aquella época de la que hablan?

Desde niños entonamos canciones sobre una época de gran valor, que nos hace sentir en el pecho el orgullo de formar parte de todo ello. En la lucha, la valentía y el sacrificio de nuestros viejitos, está cimentado nuestro ser patriota.

Recordaremos por generaciones la prosa, la poesía, la narrativa de aquellos que nos han inspirado en el pasado,

7

HASHTAG #AMOAMISABUELOS

Aquella noche Raulito no pudo dormir. Lo embargó un insomnio que lo mantuvo despierto hasta las tres de la mañana.

Pensaba en su abuelo. En la forma en que lo había visto emocionarse al hablar de su país. En la manera en que después de su espontáneo discurso se dobló por una punzada repentina y tuvo que ser atendido por paramédicos de emergencia. Los narcóticos ya no lo aliviaban. Pero era valiente y aunque sudaba y gemía a causa del dolor nunca había pedido que lo dejaran morir. Él era un luchador.

Raulito comprendió al fin que valía la pena respetar al abuelo.

Es algo que todos los jóvenes deben comprender tarde o temprano.

En mis tiempos las canas merecían respeto, casi veneración, en muchos casos por reconocer la sabiduría que a veces llega con la edad; también porque era un valor universal y, en ocasiones, sólo porque eso se esperaba de los jóvenes.

En algunas de las culturas indígenas, el respeto a sus viejos es un ejemplo, con ellos conforman el Concejo de Ancianos, ya que consideran a sus adultos mayores como los sabios de la comunidad, y su punto de vista es fundamental en la toma de decisiones.

Hoy creo que los viejos lo merecen, se lo han ganado por el esfuerzo, la dedicación, la lucha, pero también, ¿por qué no?, por la debilidad, la soledad y el temor en el que muchas veces viven, al no poder resolver ni lo más cotidiano de la vida.

No quiero que esto suene a regaño o sermón; más bien, es un llamado a despertar: amemos y respetemos a nuestros ancianos, y no perdamos la oportunidad de recibir tanta riqueza que tienen por compartirnos. Ellos han caminado antes que tú y que yo, dejemos que nos cuenten de esos pasos.

Me asombré mucho y hasta me divirtió el compartir con uno de los viejitos del Instituto de las Personas Adultas Mayores su reciente "aventura" por las redes, gracias a que uno de sus nietos le abrió una cuenta de Facebook.

—Tanto tiempo filosofando de la vida —me dijo en tono muy serio—, leyendo libros enormes sobre cómo vivir mejor, y en un cartelito que me compartió un amigo virtual, me encontré el mejor resumen para vivir bien. Se lo compartí a mi nieto. Estoy seguro de que si se lo hubiera dicho como consejo mío, me habría salido con *Huy, abuelo; otra vez con tus discursos*, pero estaba en Facebook, por eso no sólo me leyó, ¡hasta le dio *me gusta*!

Le pedí que me lo compartiera en mi muro, y tenía mucha razón.

Consejos para un joven, de un hombre mayor:

- Viaja.
- Ahorra.
- Come helado, mucho helado.
- Haz ejercicio.

- Respeta a tus padres y hónralos, merézcanlo o no.
- Haz amigos.
- Construye amistades.
- No te drogues.
- No te emborraches.
- Trabaja fuerte.
- Busca a Dios.
- Lee la Biblia.
- Siembra un árbol.
- Edifica una familia con amor.
- Perdona rápido.
- Ríe mucho.
- Cuida y protege a los viejos.

Es un trabajo de todos, es un cambio en la cultura, en la manera de pensar, en cómo vemos y tratamos a nuestros viejos.

Ya lo dije pero tengo que insistir: porque todo lo bueno que se ha logrado en este precioso país por décadas lo han hecho ellos.

Hoy en día se le llama **cultura del envejecimiento** y sin ser nada nuevo, ni algo que no se haga ya en otros países, es una necesidad en nuestra nación.

¿Cómo puedes participar en este cambio?

Con acciones sencillas y esenciales.

Visita a los ancianos, ¡a los propios y a los ajenos!

Adopta a un anciano para estar cerca, quizá sólo para hacerle compañía, reírse de sus chistes, escuchándolos con detenimiento.

Verás que vale la pena.

Aprovecha las redes sociales y lanza un *trending topic*, utiliza el *hashtag* #AmoAMisAbuelos y tuitea todo lo que encuentres ahí e inventa ideas y conceptos; puedes usar el *hashtag* #EnvejecerEs y escribir cosas chistosas y simpáticas. En *Facebook* platica tus experiencias, las de tu familia y las de tus amigos.

Mira a tus propios viejos, hazles esa llamada, esa visita, envíales ese regalo, cada vez que les digas *viejo, viejita, te quiero* estarás sembrando el cambio; detalles así pueden cambiarles los últimos años de su vida.

Esos viejecitos quizá en este momento están sufriendo el tipo de soledad que aniquila, el temor que destruye, la frustración que deprime.

Hay grandes controversias en los ancianos: tienen un cúmulo enorme de experiencias que los hacen sabios, pero... ¿y la memoria?, ¿la agilidad mental?, ¿el ánimo? ¿Qué sucedió con esas actitudes de antaño cuando el mundo parecía tan pequeño que pensaban comérselo "de un bocado"?

¡Qué enorme les parece el mundo ahora!

Hay ciertos momentos en que el devenir del tiempo, los triunfos, las grandes victorias y las conquistas del pasado se pueden reducir a poder ponerse esa playera ajustada ellos solos, sin ayuda y sin lastimarse algún músculo otra vez; o el triunfo enorme de poder llegar al baño a tiempo, o de poder caminar con paso firme por quince o veinte minutos el día de hoy; o finalmente terminar de leer ese libro sin quedarse dormidos o sin necesidad de ir otra vez a que les ajusten la graduación de los lentes.

¿Cómo apoyarlos? Con tiempo, sin prisas, con una hora o dos de paciente compañía.

Te vas a sorprender cuando sólo por decidir dar más amor un destello de felicidad diga *presente* en esos ojos cansados y opacos, a pesar de su acostumbrada hosquedad o aparente frialdad.

No dudes que al darte la vuelta y salir de su habitación o colgar el teléfono, ese viejecito o esa viejecita llevarán su mano al rostro para secar una lágrima de agradecimiento por haber recibido de ti ese poco que necesitan tanto.

No tardes, ¡ve hoy mismo! ¡Llámale hoy!

8

INSEGURIDAD Y TEMOR

Don Jaime fue llevado al hospital porque tenía dolores insoporta-
bles en el bajo vientre. Aunque el tumor canceroso había crecido,
la metástasis se detuvo. Los médicos llegaron a la conclusión de
que una cirugía podía darle una esperanza de vida de seis meses
más. Don Jaime accedió. Laura y Raúl lo apoyaron, así que fue llevado al quirófano.

En el largo pasillo blanco levantó la mano y se despidió de su
familia.

No quería morir.

No estaba listo.

En los últimos años había ido perdiendo paulatinamente el carácter fuerte que siempre lo caracterizó.

Ahora era un hombre pequeño, temeroso.

Como muchos ancianos.

¿Por qué los viejos somos tan inseguros? ¿Qué nos preocupa o qué nos da tanto miedo?

¿Será la soledad o el desprecio? ¿Quizá la discriminación o el rechazo? Tal vez, solamente la debilidad física, la paulatina pérdida de la memoria o que nos sorprenda una odiosa enfermedad de ésas que nos amenazan frecuentemente, que se asoman a nuestra vida porque algo nos duele, o simplemente ya no todo funciona igual que antes.

La mejor escuela que tengo sobre esta maravillosa etapa de mi vida que recién inicio (¡hace poco cumplí sesenta años!), ha sido la experiencia que tuve con mis abuelos, y en especial con mi bisabuela, ellos me enseñaron que éste es el inicio de escalar lo alto de la montaña y no el declive de la vida.

Mi bisabuela, una preciosa mujer que siempre reía y parecía que nada le preocupaba, dejó grabado en mi mente un evento extraordinario: después de vivir como viuda la mayor parte de su vida, decidió casarse a los ochenta y tantos años de edad y yo tuve el privilegio de acompañarla en su boda.

A continuación comparto unas líneas que escribí hace algún tiempo sobre ellos y todo lo que considero su legado:

De mis abuelos recuerdo sus malhumores y alegrías, sus regaños y consejos, su cariño y sus caricias.

Eran como eran. De unos más, de otros menos, recibía su buen trato, su experiencia, su ejemplo.

Buenos, malos… ¿cómo fueron? Poco sé, poco entendía, pero para mí cada día con ellos era sonrisa, alegría y canción.

El abuelo, así le decía, hombre de silenciosa y alegre mirada, que a mis largos monólogos de infante respondía con una sonrisa.

Mi abuelita, de pocas palabras y grandes regaños, con la mesa siempre lista para recibirme cada día.

Mi papá Manuel, el español, viejo lindo, dulce y cariñoso, jugaba y bromeaba conmigo en nuestros viajes en tranvía hasta Alameda Central a comprar sus preciados puros.

Mamá Chela, guapa, alegre, escandalosa; a su modo me quería y consentía. La cereza del pastel, sí, la cereza del pastel. ¿Cómo olvidarla? Tenía la inigualable cualidad de hacer sentir especial a cada uno en torno suyo.

Y entre ellos estaba *Chichí*, que en maya significa "abuela", ella era mi bisabuela. ¡Qué hermosa mujer, qué alegría!, siempre linda, siempre riendo, siempre dulce, siempre bendiciendo.

Se cumplió su tiempo y todos ellos se fueron; sin embargo, su recuerdo permanece.

Hoy de ellos me quedan ejemplo, amor y recuerdos, y una gran meta de emular con los que me siguen; hoy soy abuelo y mi gran anhelo es que mis nietos también me recuerden, ¡sí!, como yo a ellos.

9

¡YA NO TE DESCUIDES!

Don Jaime se recuperó bien de la operación.

Milagrosamente, un par de semanas después fue enviado a la casa de nuevo.

Esta vez él deseaba vivir. Ésa era toda la diferencia. Porque comía mejor e incluso hacía ciertos ejercicios.

Habían pasado siete meses desde que le diagnosticaron una muerte segura en dos y ahora estaba ahí luchando por sobrevivir medio año más.

Así es la época que estamos viviendo.

Qué maravilla los avances científicos: han permitido que la esperanza de vida aumente considerablemente.

Vivimos muchos más años que las generaciones pasadas; sin embargo, pareciera que hoy nos enfermamos más y de muchas otras cosas. Culpamos a la polución, al trajín o al estrés.

Yo mismo estoy llegando a la edad de los *nuncas*, pero es en serio… ¡nunca me dolían tantas cosas, ni tan seguido!

Así que mi conclusión es que debo seguir adelante, con achaques o sin ellos, entender que el ritmo de mis pasos ya empieza a aletargarse, que tengo buenos y malos momentos en mi discernimiento mental, que el conocimiento y la experiencia se van transformando en sabiduría, en especial cuando la memoria no me falla.

Pero, ¿son cosas como éstas motivos de frustración? ¿Debo permitirlo? ¿Qué no es la ley de la vida? Simple-

mente, es así y debo aceptarlo, son las etapas de la vida, aquellas que TODOS tenemos que vivir y podemos decidir disfrutarlas o sufrirlas.

¿Puedo cambiarlo todo sólo porque así lo deseo? ¿Puedo encontrar la Fuente de la Eterna Juventud? ¿Existe?

¿Qué es lo que nos frustra más al grado de que puede llegar a deprimirnos? ¿Cuál es la última etapa?

Quizá es porque sentimos que irremediablemente el final se acerca, aunque pueda estar veinte, treinta o cuarenta años adelante, pero el deterioro gradual del cuerpo físico, y a veces el mental, ya dejan ver su incipiente llegada.

¡Decide vivir lo mejor posible tus últimos años!

¡Vale la pena el esfuerzo!

¡Tú vales la pena!

¡Ya no te descuides!

Tuve el honor de conocer a una mujer maravillosa que empezó a hacer ejercicio a los setenta y tres años: sólo caminaba un poco lento cada día y fue aumentando su ritmo paso a paso, al punto que ha ganado muchas preseas internacionales en competencias de caminata olímpica. Su nombre es María Ramírez Bautista, del estado de Jalisco.

Si ella pudo, ¿por qué tú no?

¡Levántate!, sal, pasea, ríe mucho de todo y todo el tiempo; busca actividades, compañía. Ya no te dejes vencer, el ejercicio es una gran solución; no importa si ahora eres más lento, si los achaques te persiguen, ríete de ellos. No importa si ya no tienes la misma flexibilidad, nadie la tiene a ninguna edad si no hace ejercicio.

Años atrás quizá el deporte era para ti una diversión, después de los sesenta se convierte en una gran necesidad; de hecho, hasta en supervivencia. Hoy al cambiar tanto nuestras prioridades, las nimiedades del pasado se vuelven sumamente importantes.

En primer lugar, cuida tu salud física haciendo ejercicio no menos de cinco veces por semana. Piensa en esto: si tus músculos son ahora un poco débiles y les falta flexibilidad, si no tienen tan buena irrigación y los expones al ejercicio intenso sólo una vez por semana o de vez en cuando, lo más seguro es que te lesiones. No te engañes: la actividad física no puede ser ocasional. No necesitas hacer un ejercicio vigoroso, ¿qué tal algo de bicicleta o sólo caminar? Inicia con media hora y ve aumentando de cinco a diez minutos cada semana.

No fumes, y si lo haces, busca ayuda y déjalo.

¡Te hace daño, sin duda!

Consume al menos veintiún gramos de fibra cada día. La encuentras en frutas y verduras, legumbres y granos enteros; come pan integral y cereal, como la avena, arroz integral, tortilla de maíz; come manzana: *"An apple a day keeps the doctor away"* (Una manzana al día mantiene al doctor alejado); come higo, plátano, mora, pera, ciruela pasa y naranja. Muchos de estos alimentos proporcionan vitaminas y minerales, así como antioxidantes y proteínas.

Si el costo te lo dificulta, por qué no pensar en sembrar en tu azotea o balcón, o en cualquier pared, una hortaliza personal que además de darte ayuda en lo económico, te servirá mucho en lo emocional al ser una actividad reconfortante.

Duerme bien, aunque parece que a esta edad dormimos o podemos dormir cada vez menos.

Cuida tu peso. Al mermar las fuerzas con la edad, se nos dificulta todavía más andar cargando unos kilitos de más todo el día a todas partes.

En segundo lugar, cuida tu salud emocional con nuevas y viejas amistades. Los clubes para los adultos mayores son excelentes lugares de convivencia y entretenimiento y aun de desarrollo personal.

Las actividades proporcionan salud emocional. Ocúpate, sirve a otros más desvalidos que tú y si tu cónyuge ya se adelantó, ¿por qué no un nuevo amor? Mi bisabuela es un

gran ejemplo en el tema; la mejor manera de honrar un recuerdo es estar bien y nunca dejar de perseguir la felicidad.

En tercer lugar, cuida tu salud espiritual. No es un asunto de religiones, es un tema de decidir simple y llanamente buscar a Dios a la manera de Dios.

Cuando don Jaime salió del hospital, después de ser operado, regresó a casa de su hijo.

Esta vez Laura, Raúl, Raulito y Susanita lo recibieron amablemente. Algo había sucedido en todos ellos. Se habían hecho conscientes de que el cuerpo de ese hombre con quien convivían tan de cerca era un ejemplo de fortaleza y el tema de la muerte les causaba desasosiego, pero, además, la familia enfrentaba un problema descomunal que los había hecho más sensibles y humildes.

Algo grave y secreto de lo que no querían hablar.

10

LOS NIETOS

Don Jaime fue reinstalado en la sala y percibió de inmediato que el ambiente de la casa había cambiado.

—¿Qué les sucede?

Pero nadie le dio una explicación.

Su nieta y su nuera parecían haber llorado mucho. Los hombres de la casa se notaban furiosos.

Esa noche, Susanita se comidió a cuidarlo. Nunca antes había hecho algo así.

Don Jaime se asombró.

Le dijo a la joven en cuanto estuvo solo con ella:

—Tú tienes un problema, hija. Confía en mí. Tal vez pueda darte un consejo.

—No lo creo, abuelo.

—Sabes que duermo mucho por culpa de tantos calmantes, pero también sabes que tengo mucha experiencia en la vida. Que no soy tonto. Mi cuerpo está enfermo. Mi mente, no. Tal vez mañana me muera... y si tienes un secreto, voy a llevármelo a la tumba...

Susanita, de dieciocho años, se puso a llorar y apretó la mano de su abuelo.

—Estoy embarazada.

Y siguió llorando sin parar durante varios minutos. Luego agregó:

—Mi novio es estudiante de bachillerato. Dice que fue culpa mía. No quiere hacerse cargo del bebé...

Don Jaime comprendió al fin por qué todos en esa casa parecían tan taciturnos.

Acarició la cabeza de su nieta y susurró:

—Todo estará bien... todo estará bien.

Y lloró con ella.

Ella valoró esas lágrimas. Porque en realidad no necesitaba un consejo: necesitaba que alguien le acariciara la cabeza y le dijera que todo estaría bien.

—Gracias, abuelo.

—Ahorita sientes temor. Pero mañana, cuando tengas a ese bebé en brazos verás que es lo más bello que pudo pasarte. No todos los niños nacen en buenas condiciones, pero todos son

bendición. Yo tengo hermosos recuerdos de cuando nacieron mis nietos. Con ustedes nunca conviví mucho. Pero sí lo hice con Jorge tu primo mayor. Fue mi primer nieto.

Y don Jaime comenzó a relatar. Lorena se calmó y lo escuchó. Entendió algo más.

El amor de un abuelo hacia sus nietos es uno de los amores más grandes que se puede experimentar.

He aquí mi propia experiencia en una visita a mi nieto:

Tenía en ese entonces sólo dos añitos.

Pude convencer a mi nuera que me dejara ir a su casa —aunque él estaba dormido—; le tuve que hacer la pro-

mesa y el compromiso de no despertarlo y así lo cumplí...
Aguardé un buen rato hasta que oí un pequeño ruido, entré
a su cuarto y ahí estaba él, paradito en su cuna, esperando
pacientemente que alguien llegara a verlo.

Al verme, una maravillosa sonrisa se dibujó en su rostro;
comenzó a insistir en que viera unos dibujos que había hecho en el jardín.

De su exhibición de pinturas pasamos a convertirnos en
Ingenieros, calculamos cómo edificar unas torres, construi-
mos tres y descansamos tomando un café imaginario que él
amablemente servía (es en serio, lo hacía).

Después discutimos si jugar golf con mi bastón o pa-
tear un globo, terminamos haciendo las dos cosas; como
de costumbre acabamos gritando y tirando todo al piso y su
cuarto quedó hecho un tiradero. Luego, agotados de tanta
acción, nos recostamos y le leí un cuento. Llegó la hora de
comer, me indicó que le pusiera el babero y el cinturón de
la silla (verídico), y como no quiso convidarme, tuve que
irme a mi casa.

¡Wow!, ¡es un niño maravilloso!

Cuando somos padres, vivimos la responsabilidad directa
de criar, proteger y formar a nuestros hijos, y a veces se nos
olvida disfrutar de tantos detalles y gestos de esos primeros
años de vida. Al convertirnos en abuelos, es como si la vida
nos diera una revancha, una nueva posibilidad, y esta vez
sí nos toca disfrutar.

Los nietos son algo así como "el postre de la vida", es maravilloso verte reflejado en ellos, en gestos, actitudes, rasgos físicos; darte cuenta de que mucho de ti y de lo tuyo lo tienen tus hijos y ahora tus nietos.

Una tarde, mientras cargaba a mi nieta de tres añitos en mis brazos, volteó, me miró y me besó la mejilla sin decir nada, sólo mostrando cariño, y la sensación de ese gesto permaneció conmigo todo el día. Ser abuelo es un tiempo sagrado para disfrutar de los detalles, de instantes plenos de dulzura. Seguramente si tienes nietos te sucede igual.

¿Pequeñeces? Quizá, pero ¡cuánto nos llenan el corazón! Por eso, ¡disfruta del regalo de ser abuelo!

En mi caso, vivo a mis nietos como bendición. No hace mucho nació el tercero, todavía no pronuncia palabra alguna, tiene semanas de nacido, pero cuenta con la habilidad de desarmarme; no sé cómo sucede, pero cuando te conviertes en abuelo descubres una capacidad de ternura que

—Siemp[...]
cosas se p[...]

—Laura[...]
tablemente[...]

—Yo cre[...]

—Créem[...]
venir. Nece[...]
ralo, volver[...]
abrázalo, y [...]

—¿Y eso [...]

—De mu[...]
migo.

Qué lecció[...]

Le funcio[...]

En cuesti[...]
mejor. Los v[...]

Cuando s[...]
pasiones, a [...]
dadas de có[...]
arriba imagi[...]
realidad es [...]
que elegimos[...]
el ser al que[...]
bimos pedirl[...]
eso también [...]

En nuestro[...]
yo veíamos a[...]

11

HASTA QUE LA MUERTE NOS SEPARE

—¡No te soporto!, siempre eres así, hay un problema y culpas a todo el mundo.

—¿Y quieres que haga una fiesta? ¡Nuestra hija acaba de destruir todo aquello por lo que hemos trabajado!

El tono de la discusión fue creciendo palabra a palabra.

—¡Esto es tu culpa, siempre le diste todos los gustos!

Raúl tomó su chaqueta, su celular y las llaves del vehículo.

—¿A dónde vas?

—P...

Un ...

Laur...

Don...

tó, y es...

Laur...

—La...

por fav...

—No...

a dormi...

—Va...

Laura...

desbord...

—No...

mados de la mano, o que bailaban un bolero descansando uno en el otro; nos causaban admiración. Nos parecía imposible que ese escenario fuera posible para todos, aunque lo deseábamos y soñábamos con encontrarnos así un día.

El nuestro no ha sido un matrimonio que ha ido de mal en peor, sino de regular a mejor cada vez, de esas discusiones y malentendidos, a comprendernos y aprender a escucharnos. Hoy tenemos treinta años de casados, de felizmente casados.

El día de la boda de mi hijo, tuvimos celebración triple, porque mis suegros cumplían sus cincuenta años de casados y mi esposa y yo nuestros veinticinco. Fue todo un canto al amor.

Desde luego que para esa ocasión tan especial le escribí algo, que ese día ante casi dos mil personas le leí:

Entonces, te amo... sí, ¡desde entonces!

Entonces te miro sin control, gritando, peleando y defendiendo. No es con pena que me miras y yo te admiro. Mi corazón se tambalea y se emociona. No lo entiendo... pero lo acepto y de ahí entonces me enamoro.

Después, lo encontramos a Él y giramos, no regresamos pero caminamos.

Su perdón encontramos, entonces; y desde entonces, disfrutamos.

Tres regalos recibimos: Emilio, Pablo y Alejandra. Siempre más que menos. Aliento nuevo, caricia de Dios que eleva, que fuerza y anhela. Qué ejemplo pide y produce, produce, ¡sí!, alcanzar la meta, acabar camino y entonces, no claudicando, maduramos.

Con veinticinco primaveras algunos veranos logramos.

En veinticinco otoños también inviernos sufrimos.

Y entonces pienso: entre sol y sol, tarde y tarde, noche tras noche, encuentro sol, viento, lunas y truenos; nubes y lluvia como en un cuento, pero en todo ello, siempre, siempre tú... surges ahí generosa.

Siempre exigente, siempre escandalosa. Todo a la vez y entonces amorosa.

Repruebo el tiempo que cada día me reduce la dicha de mirar tus ojos, disfrutar tu risa, admirar tus batallas, ¡sí!, desbocadas pero justificadas.

Entonces pienso: veinticinco años de pasión. Tanto aprendido, algo sufrido y así contagioso. Mucho de alegre sin retraso. Más alocado y en desorden, pero atinado al final y bendecido.

Recuerdo, ¡cómo recuerdo!

Y entonces, Rosa María, te amo... ¡Sí, desde entonces!

Laura permanecía junto a don Jaime, quien hacía esfuerzos por no dormirse.

—Hija, vete ya a la cama. Raúl vendrá pronto.

Su nuera se retiró a descansar. Cuando don Jaime apagó la lámpara, la puerta de entrada se abrió.

—Papá, ¿qué haces despierto?

—Te esperaba, hijo.

—No empieces, por favor; estoy agotado.

—Lo sé hijo, lo sé. Mañana hablamos, pero quiero pedirte una cosa: ve a tu cuarto, abraza a tu esposa, pídele perdón, y recuerda que no estás solo. Cuentas con ella.

¿Queremos saber más del amor?

Aprendamos de nuestros abuelos, sentémonos a escuchar sus historias, ellos tienen mucho que enseñarnos sobre el perdón y la paciencia, y más que todo, sobre la permanencia, y el peso de una promesa de amor.

Los años no sólo dejan huella en la piel y la memoria; también van marcando nuestra forma de amar, nos van haciendo más sabios.

Haber caminado junto a mi esposa tantas pruebas, tantos desvelos a causa de preocupaciones o fiebres de nuestros niños, tantas tardes sacando cuentas para poder ver si ese año abría vacaciones, o tantos otoños mirando el paisaje e imaginando el rostro de nuestros nietos… todos esos instantes de luces y sombras fueron apagando los bríos juveniles, las terquedades propias de esos primeros tiempos

de matrimonio, para encontrarnos siendo los mejores amigos, los mejores amantes, los mejores esposos. Eso sí, no ha
sido siempre sencillo, hemos pasado grandes pruebas, pero
nunca olvidamos aquel "para toda la vida" que prometimos
en nuestra boda.

Palabras de amor de un viejito a su viejita:

Qué poco importa si tu carne no es ya tan firme y tus curvas se diluyen,

qué poco importa cuando tus ojos siempre brillan,

tu sonrisa más que nunca me sonroja y sutilmente me atrae tanto.

Qué poco me importa si eres débil y caminas un poco lento.

Qué me importa si ahora lloras un poco cuando sonríes más.

Qué me importa si me necesitas hoy cuando yo te he necesitado tanto desde que por primera vez te vi.

Y, ¡sí!, confieso que algo me importa y me importa mucho:

me importan tú y lo tuyo.

Me importa verte sonreír,

me importa tu cuidado y tu atención,

me importa que descanses y disfrutes a mi lado.

No me importa el cúmulo de años,

Ni la debilidad que apareja.

No me importa que el tiempo se acaba

y ya no lentamente

sino de manera vertiginosa...

Sólo me importas tú,

y el que cada día sea un hacerte saber y sentir

que te amo, te necesito y deseo

y sí, y por qué no decirlo,

después de tanto y tanto tiempo, te merezco.

12

PASAR LA ANTORCHA

Don Jaime sobrevivía sus noches inquieto, los dolores no le permitían dormir más de dos horas seguidas.

Una nueva punzada lo obligó a enderezarse. Y al hacerlo notó encendida la luz de la sala y a su hijo mirando el fondo de su taza de café.

—¿Qué haces levantado, Raúl?

—Nada, papá. Sigue durmiendo.

—Acércate... Susanita ya me contó todo.

—¿De verdad? ¿Y qué opinas?

Una de las cosas que me han resultado más difíciles como hijo ha sido entender y ACEPTAR que podía contar con mi padre para un consejo; ya lo dice el refrán: "El diablo sabe más por viejo que por sabio". Hoy vivo eso mismo con mis propios hijos.

Es muy duro para uno, como padre, ver sufrir a un hijo. Cuando son pequeños, una caricia, una curita y un *sana, sana*, tienen el poder de secar las lágrimas; pero cuando se convierten en adultos, cuesta mucho que acepten el hecho de que seguimos estando ahí para ellos. Muchas veces, esto es a causa de nuestras propias palabras, porque, con tal de no verlos sufrir, queremos evitarles todos los golpes, impidiéndoles vivir, tomar sus decisiones. Parte de aprender a ser padres es saber cuándo callar, cuándo hablar, y sobre todo, cuándo tender el abrazo que cura.

—Vamos, ven; sé que estás preocupado.

—Me conoces bien.

—Mejor que nadie. Por eso quiero hacerte una pregunta: ¿piensas que tu madre fue una mujer feliz?

—¿Qué tiene que ver mamá en todo esto?

—Mucho. Tu mamá quedó embarazada a la misma edad de Susanita. Ella y yo nos apresuramos a quemar etapas, y tú fuiste el resultado. Cierto, al principio tuvimos mucho miedo, ¡tus abuelos querían matarme!; yo mismo peleaba contra el impulso de salir corriendo. La realidad era que ya estabas allí, éramos muy jóvenes, todavía estudiantes; y en aquella época, era un error enorme y condenado por la sociedad.

—No es lo mismo, papá. Tú contabas con el abuelo, tenían propiedades, negocios, no les tocó pasar ningún trabajo.

—Y Susanita cuenta contigo. ¡Debe contar contigo, eres mi hijo!

Arriba, acurrucada al borde de la escalera, Susanita escuchaba a su abuelo, él la estaba defendiendo, ¡la estaba cuidando! Y por primera vez, comenzó a sentir que todo iba a estar bien.

Lo común es que cuando pensamos en *legado* o *herencia*, venga a nuestra mente el dinero o las propiedades.

He visto las peores atrocidades en familias bien avenidas por los pleitos que algunas herencias llegan a suscitar.

Sin lugar a dudas, es ampliamente recomendable hacer un testamento y que sea el resultado de una profunda reflexión en donde prevalezcan el amor y la justicia, que por cierto parecen valores tan difíciles de conciliar hoy día, tanto que aun habiendo un testamento hay familias cuyos integrantes luchan a muerte entre sí por recibir la parte mayor de alguna herencia.

Más allá de este tipo de sucesiones testamentarias, prefiero reflexionar en qué puedo dejarles a mis hijos que trascienda lo económico, que tenga mayor valor y sea permanente.

Como dice el dicho, "el dinero va y viene". Conozco casos de enormes fortunas que se han perdido en una mala inversión, otras que se han visto mermadas por cuestiones inflacionarias, variaciones cambiarias o hasta por fraudes en las empresas y aun entre familiares.

Lo que me ocupa e interesa, y mucho, es que me recuerden por algo más trascendente, como el ejemplo. El ejemplo que prevalezca incluso después de mi muerte y que lleve a otros a tomar decisiones basadas en principios y valores.

¡Ése es nuestro mayor legado!

Es verdad que en nuestro caminar hemos errado muchas veces, pero también esos errores pueden ser escuela de vida para nuestros hijos.

Vivimos tiempos donde todo pareciera descartable, desde un refrigerador hasta un bebé no deseado; pareciera que a las dificultades se les hiciera frente huyendo, en lugar de asumirlas. Nuestros abuelos vienen de una escuela distinta, ellos nos han enseñado de permanencia y tenacidad, de aceptación, y sobre todo, de buscar lo que hay de Dios en las cosas que se nos presentan en el camino. ¡Por eso tienen tanto que enseñarnos!

Claro que es importante dejar a los hijos un legado económico que les permita partir de una base, pero toda esa seguridad se vuelve nada si no nos esforzamos por dejar a nuestros hijos el verdadero legado, ése que no tiene valor monetario, porque es imposible de comprar: nuestro testimonio, nuestro ejemplo de vida, nuestras decisiones desde los valores y no desde la comodidad.

¡Cuánto me han enseñado los viejitos con los que conviví!, sin saberlo ellos, al compartirme sus historias de lucha y aciertos, de grandes pruebas y grandes decisiones… Sólo tuve que elegir ESCUCHARLOS.

13

SE TRATA DE CONFIAR

El domingo siguiente Raúl llamó a todos a "reunión familiar" en la sala de la casa. Su esposa se sorprendió mucho, no era costumbre de Raúl renunciar a sus amados domingos de futbol y club. Sus hijos rezongaron al tener que suspender sus actividades de domingo.

Don Jaime estaba intrigado, temía que su hijo tomará una mala decisión en relación a Susanita, aunque en el fondo quería confiar en que esta reunión tenía algo que ver con su conversación unas noches atrás.

Gran parte de nuestro miedo como padres tiene su origen en esas preguntas que nos dan vueltas y vueltas: *¿Lo habremos hecho bien? ¿Podrán nuestros hijos lograrlo?*

En mi experiencia de escuchar a tantos abuelos, he notado que esa pregunta es una constante; nos preocupa no haber dotado a nuestros hijos de las herramientas necesarias para tomar buenas decisiones.

¡Tranquilos! Si hemos amado, si amamos, hemos hecho y estamos haciendo un buen trabajo; el amor de mis abuelos y de mis padres ha sido, en el fondo, la mejor escuela que he tenido. Por eso, confiemos en nuestros hijos, son hombres y mujeres de bien, y necesitan nuestro voto de confianza, nuestra palmada en el hombro que les diga *hijo, lo harás bien; hija, confío en ti.*

Raúl inició la reunión:

—Tenemos que hablar, pero primero el abuelo nos contará una historia que compartió conmigo la otra noche.

Su esposa le apretó el hombro en señal de apoyo. Raulito suspiró, Susanita sonrió; y don Jaime revivió aquellos nervios infantiles que sentía cuando una maestra lo llamaba al frente a decir la lección.

Al igual que hizo con su hijo noches atrás, habló de su esposa, de los primeros miedos, de la alegría inigualable de sostener a su primer hijo, de los inconvenientes del camino y del respaldo fiel de su padre.

Cuando don Jaime finalizó la historia, un silencio cómplice embargó a todos durante unos segundos, y fue Raúl quien lo rompió:

—Hija, no estás sola, soy tu padre, somos tu familia, y viviremos juntos este desafío.

Ése fue un domingo de familia. Don Jaime se sintió, por primera vez en mucho tiempo, parte de ella.

¡Confiemos! La edad nos juega muchas veces malas pasadas en nuestra memoria, nos embargan sensaciones de inseguridad, de miedo hacia el mañana o el ayer, con el riesgo de caer en la tentación de permanecer largo tiem-

po mirando hacia atrás, reevaluando decisiones pasadas, y sintiendo culpa porque podríamos haberlo hecho mejor o distinto.

El pasado no es un tiempo que podamos cambiar. No está en nuestras manos hacer distinto el ayer. Los años parecieran convertirnos en nuestros peores jueces, intentamos con la sabiduría de hoy reinventar el ayer y eso no es posible. Por eso es tan necesario que nuestros hijos y nietos nos ayuden a reconciliarnos con nuestra propia historia. No es tan difícil, no se necesitan grandes doctorados en psicología, basta con una palmada en el hombro, un *lo has hecho bien*, un *gracias*.

Les propongo esto:

1. *Busquen a los viejitos que los rodean, abuelos, tíos, vecinos, y piensen en una cosa que valoren de ellos, que vean que ellos hagan bien y díganselo.*

2. *Agradezcan a la abuela por todas las veces que les preparó la mejor sopa para curar la fiebre; al abuelo, su habilidad para cambiar la llanta ponchada de la bicicleta.*

3. *Vean al viejito que vende flores y agradézcanle por la sonrisa de cada día... Hay tanto por qué darles gracias. Y con tan sólo esa palmada, ese "lo has hecho bien", los estamos liberando de muchos fantasmas que irremediablemente, la edad les heredará.*

14

NUESTRO AMIGO: EL TIEMPO

Los meses que siguieron a esa tarde fueron de grandes cambios para don Jaime y su familia.

Susanita y su madre pasaban mucho tiempo juntas enfrentando todos los cambios que ocurrían en la joven, y empezando a soñar con nombres, cunas y pañales.

Don Jaime se esforzaba por pasar el mayor tiempo del día despierto, cuidaba su alimentación, cumplía con los ejercicios que le había prescrito el médico, y tomaba rigurosamente sus medicinas. Tenía un motivo para hacerlo: le habían abierto las puertas a la familia, quería ser parte de esto.

Hoy no puedo, quizá más adelante, mejor después

Trastocando el tiempo irremediable que se agota, nunca
se recupera, queda el recuerdo o el olvido.

¡Las prioridades del alma requieren tiempo!

He notado en mis palabras un mismo discurso

cuando mis hijos y nietos me piden tiempo:

"Hoy no puedo, quizá más adelante, mejor después".

Cuando mis amigos me buscan y me invitan a compartir
tiempo:

"Hoy no puedo, quizá más adelante, mejor después".

Cuando mi esposa desea hablar, reír, pasear, amar, sentir:

"Hoy no puedo, quizá más adelante, mejor después".

Me da miedo que cuando la vejez me haga más sensible,
y pase de decir *un día más* a decir *un día menos*, y el
tiempo me sobre, les llame y me digan:

"Hoy no puedo, quizá más adelante, mejor después".

Es muy importante el diálogo entre padres e hijos. ¡Hablen con sus hijos!, cuéntenles cómo era la relación con su abuelo, cómo actuaba con su padre... para que nuestros nietos sepan cómo actuar no sólo con sus abuelos sino con toda la gente anciana. Hay que ayudarles, darles cariño, darles amor y no hay que dejarlos en el aire, sin visitarlos, porque los ancianos requieren del calor humano.

Llevemos adelante acciones que provoquen el cambio, como hacemos aquí en las comunidades, que en cada fiesta de Pascua, se envía despensas a los viejitos que viven necesidades. ¿Y eso quién lo prepara? Los jovencitos de la escuela, ellos saben para quién se está preparando, para la gente anciana, para la gente que no tiene posibilidades, para la gente que hoy ya no tienen el medio para tener todo esto, y estos mismos jóvenes se las llevan a la casa para poder tener más contacto con el necesitado.

Hay un programa en el colegio que toman a los niños, a un grupo cada vez, y se los llevan hasta Cuernavaca para que vean con sus propios ojos en dónde están viviendo y cómo están viviendo.

Todo esto, todas estas cosas, es educación, eso es parte de la educación y parte de los valores que debemos transmitir a nuestros hijos, a nuestros nietos... que sepan cómo apreciar a los ancianos.

Alejandro Solalinde

Sacerdote católico

"Viejos los cerros y reverdecen".

Muchos piensan que las personas de la tercera edad o adultos mayores somos algo desechable o aburrido, que dimos lo que teníamos que dar y ya no tenemos nada que aportar al mundo; ¡es un error! A los adultos mayores no hay que tolerarnos, ¡hay que disfrutarnos!, aún tenemos mucho que dar.

Yo, con mis sesenta y nueve años de edad, podría decirles que estoy dando lo mejor de mi vida. ¡Sí!, lo mejor, aunque a los ojos de muchos ya no tenga nada que aportar.

Mi nombre es José Alejandro Solalinde Guerra, soy ministro católico y misionero. He vivido momentos muy difíciles del país en el que vivo; no me tocó ver la Revolución y cosas de ésas, como fue el caso de mis abuelos; pero si me ha tocado ver, en estos sesenta y nueve años, la transformación de mi patria, México, la cual no se dio en forma lineal, sino con retrocesos y avances. El México que tenemos hoy no es el que quisiéramos; desearíamos tener un país de acuerdo a su fe.

Aquí se cree en Cristo mayoritariamente pero no vivimos conforme a ello. Como en otros países, tenemos la rica experiencia de un sano diálogo y convivencia entre diversas religiones que comparten la fe en el único Dios, que es padre de todos y en ese Dios nosotros ponemos nuestra esperanza.

Hoy, en gran parte de América Latina, estamos viviendo un problema al que nos urge dar respuesta, y es el de la realidad de nuestros adultos mayores, quienes están sufriendo el abandono, el desprecio de su riqueza y aportación a la sociedad actual; pero esto no es solamente para ellos, en general hay una devaluación del ser humano. Hoy la gente vale por lo que tiene o por la ganancia que pueda generar, y no por quien es realmente.

Hemos estado viviendo un proceso de deshumanización; nos hemos apartado de Dios, y al apartarnos de Dios, lo hemos reemplazado por dioses falsos, como el dinero, el poder y el placer, perdiendo así el sentido de la vida.

En esa dinámica de valorar al otro *por lo que pueda darme*, entramos en un círculo vicioso donde nos encontramos diciendo: "No soporto escuchar hablar a un viejo, siempre dicen lo mismo", "no importa lo que este chavo tenga para decir, es demasiado joven, no tiene juicio", "para qué opinan las mujeres, si nunca entienden"... y más frases como éstas, que sólo muestran cuán bajo ha caído para nuestra sociedad el valor del ser humano.

Podemos buscar cientos de justificaciones para no respetarnos, pero tenemos que entender una gran verdad: todos somos seres humanos y tenemos que aprender a valorarnos más allá de lo que nos den o les demos, ése es el amor gratuito y real, es el verdadero sentido de ser humanos. No hay nada más valioso en el mundo que la gente; podríamos vivir en palacios, tener abundancia de lo que quieran, pero si estuviéramos solos no tendría sentido nuestra vida.

Nacimos para amar y una persona puede amar y ama más maduramente cuando ha tenido más experiencias y más riqueza en la vida. Una persona mayor tiene más posibilidades de haber madurado de haber visto más cosas, de tener experiencias muy ricas; es sabio, es la sabiduría que nos da la vida, es la sabiduría que nos da la fe.

Una persona tal vez no haya sido muy religiosa o no haya sido muy creyente pero con el avance de los años se va haciendo más espiritual, como si fuera una ley que Dios hubiera inscrito en nuestro corazón. También creo que se vuelve más sabia para poder compartir y para poder transmitir, como una estafeta, ese sentido de la vida.

Desgraciadamente nadie aprende en cabeza ajena, hay muchas cosas que los adultos mayores quisiéramos transmitir a las nuevas generaciones, pero los jóvenes de hoy a lo mejor, están pues... muy centrados, entretenidos, cautivados por la tecnología... y ¡no está mal! Nosotros también somos de este tiempo, nos gusta la tecnología, pero eso no lo es todo.

La tecnología jamás va a suplir la relación interpersonal. Yo he visto hogares "modernos" en donde tienen todo tipo de aparatos que cada uno de los miembros de la familia lleva consigo a donde quiera que vayan, esa facilidad electrónica para poder saber qué es lo que está pasando, comunicarse con sus amigos, etcétera. Pero, ¿eso es todo en la vida? ¿Acaso estos aparatos sofisticados podrán reemplazar el abrazo, la mirada, la palmada en el hombro en un momento de dolor?

Corremos el riesgo de que sea la tecnología lo que de sentido a la vida. ¡Cuidado! Nos vamos a quedar solos, y no habrá aparato que reemplace la presencia de nuestros seres queridos.

Ante todo somos seres humanos; no importa la edad, vamos viviendo diferentes etapas y procesos, y lo importante es que cada uno lo viva con ese sentido relacional, de ser para otros, de ser con otros, de compartir la vida maravillosa que Dios nos ha dado. Es tiempo de juntarnos todos, de todas las edades, pero sobre todo es tiempo de valorar la tercera edad, los adultos mayores.

Yo especialmente haría énfasis en las mujeres, esas personas que como madres y abuelas nos han dado todo, la vida, el cariño, los cuidados; han sabido mantener el sentido humano aun en momentos difíciles de nuestra historia.

Hay que decirlo: hoy estamos en un gran bache, hoy estamos en una crisis generalizada de valores, de fe, de todo y ahí están las mujeres marcándonos el rumbo de Dios, marcándonos el rumbo de la humanidad, aquí están las mujeres diciéndonos que vale la pena vivir.

Yo trabajo con migrantes, tengo el honor de servirlos y acompañarlos. En una ocasión, un joven migrante me decía: "En Centroamérica pensamos que México es nuestro hermano mayor, y a pesar de lo que nos ha pasado sigue siéndolo y lo amamos". Esta esperanza de ellos hacia nosotros… la verdad, me estremeció, ¡me provocó lágrimas!, creo que es una lección muy importante que nos da este pueblo migrante.

En mi trabajo he platicado con muchos migrantes ya mayores, hermanos y compañeros en este camino, con quienes nos sentimos orgullosos de la edad que tenemos, y no quisiéramos perder ni un solo año, porque cada año es un año de bendición, un año de experiencia. No nos quitamos los años, porque eso es negar la riqueza y la experiencia que Dios nos ha dado.

En una ocasión, platicando con un señor muy mayor, le dije:

—Usted va también para el norte, como migrante, ¿pero va con sus hijos?

—Ya no tengo —contestó—. Hace mucho tiempo fueron a Estados Unidos; no volví a saber de ellos, su madre los buscó mucho tiempo y ya murió.

—Pero ¿no tiene familia en sus lugares de origen?

—No, ya no tengo a nadie.

—Y ¿por qué no se queda?

—¿Para qué? Si todos se están yendo.

Este señor, aunque de la tercera edad, no se quería quedar quieto; quería caminar.

Hace nueve años exactamente que empecé a trabajar con los hermanos migrantes. Y ¿saben qué he descubierto? ¡Que lo mejor de mi vida lo he dado en estos últimos nueve años! Nunca me había imaginado que podía estudiar, que podía seguir aprendiendo; nunca me imaginé que podría tener tanta capacidad para servir, para arriesgarme y jugarme la vida como un joven. Porque finalmente no es la edad, es la actitud, es la fe, es la entrega, es el creer que Dios nos mandó para algo, y estoy seguro que nos mandó para amar.

Hay gente que me dice: "Padre, es que usted es como un joven". ¡Pues gracias por compararme con un joven! Yo quiero admiro mucho a los jóvenes, pero me siento muy orgulloso de hacer las cosas como adulto mayor. Yo no soy joven y disfruto poder hacer lo que hago e invitar a otros para que también lo hagan.

Los adultos mayores no necesitamos lástima ni limosnas; nosotros llevamos muchos valores y tenemos mucho que dar todavía, mucho que aportar.

Ocurre también que a veces la edad va mermando nuestras fuerzas, las facultades van disminuyendo, y ya no podemos hacer tantas cosas como antes; pues en esos casos, ¡es tiempo de amar para ellos, que tanto nos dieron! La vida no está acabada, ¡no es cierto! Y no somos personas que pudieran desecharse y tirarse, al contrario, hoy queremos y tenemos unas ganas tremendas de dar lo mejor de nuestra vida y queremos compartir con los jóvenes, hombres, mujeres, niños, lo que la vida nos ha dado para que también sigamos aprendiendo de ellos. Porque unos y otros tenemos que aprender juntos, ¿no?

Los cerros reverdecen, nosotros con mayor razón. ¡No estamos acabados! Sólo tenemos que comenzar; cada día comenzamos, cada día tenemos ganas y esa fuerza nos la da Dios.

Que Dios bendiga a todas y a todos, ese Dios que camina con nosotros, ese Dios migrante, ese Dios que nos espera, en ese fin que es principio de una vida hermosa que todos aguardamos.

Decálogo para añadir vida a los años como país

Revisado y enriquecido por el Dr. Luis Miguel Gutiérrez Robledo

Las personas adultas mayores deben tener derecho a:

Igualdad en el acceso a servicios de salud física, mental y emocional en clínicas y hospitales, análisis médicos, medicinas, consultas médicas dirigidas a atender las necesidades de los Adultos Mayores en las diferentes etapas del ciclo de vida, incorporando adicionalmente a la atención medidas de prevención y promoción de la salud que favorezcan un envejecimiento saludable, y la prevención de la dependencia, incluyendo el acceso a los cuidados de largo plazo comunitarios o residenciales.

Educación pública a lo largo de toda la vida, en todos sus niveles y modalidades, y a cualquier otra actividad que contribuya a su desarrollo intelectual, así como propiciar y fomentar programas especiales de educación y becas de capacitación para el trabajo, mediante los cuales se logre la reincorporación de los Adultos Mayores a la participación social y, si así lo desearan, a la planta productiva del país.

Que los tres niveles de gobierno garanticen el acceso a créditos accesibles para adquisición de vivienda o remodelación, acceso a servicios básicos como agua potable, saneamiento, alumbrado y electricidad; asimismo, que los espacios públicos, infraestructura y equipamiento urbano se adapten a las necesidades de los Adultos Mayores frágiles o con capacidad motriz disminuida, desde rampas y pisos antiderrapantes, considerando accesos preferentes, filas especiales en bancos, instituciones de gobierno, transporte público y privado, supermercados y centros de entretenimiento; señalamientos públicos, semáforos peatonales, transporte público con tecnología adecuada que faciliten su acceso y seguridad, incluyendo sillas de ruedas, asientos preferenciales, así como campañas de educación vial, cortesía urbana y respeto.

Que se fomente en la familia, el Estado y la sociedad, una cultura de aprecio, de respeto, de solidaridad, de convivencia y trato digno a la vejez.

Que los medios de comunicación promuevan una imagen positiva de la vejez y que no se incluyan en los programas de radio y televisión o en la publicidad de cualquier tipo, imágenes discriminatorias, o estigmas demeritorios de los Adultos Mayores o del envejecimiento ni escenas de violencia en su contra.

Que el gobierno, el sector privado y la sociedad civil promuevan ofrecer empleo decente en condiciones de igualdad, con horarios diferenciales, al acceso a la capacitación continua, al financiamiento de proyectos productivos propios o comunitarios y al emprendimiento, así como que se ofrezca y promueva descuentos a las Personas Adultas Mayores en bienes y servicios privados, en servicios públicos y exención de impuestos.

Que haya pensión universal para quienes no cuenten con una pensión de retiro y seguro de desempleo.

Que el gobierno provea los medios y las oportunidades para que los Adultos Mayores logren optimizar su bienestar físico, social y mental a través de actividades y eventos de recreación, de esparcimiento, culturales, de asociación y de participación, a fin de que puedan ejercer plenamente sus capacidades en el seno de la familia y de la sociedad, incrementando su autoestima y preservando su dignidad como seres humanos.

Que las dependencias de la administración pública federal, estatal y municipal promuevan y faciliten el acceso a programas de educación física, entrenadores y maestros de diversas disciplinas deportivas, así como espacios públicos seguros y adecuados, como parques, jardines e instalaciones deportivas.

La creación de una defensoría especializada en los Derechos Humanos de las personas mayores, que promueva la atención, asesoría jurídica y seguimiento de quejas, denuncias e informes sobre la violación de los derechos de las Personas Adultas Mayores, en tanto proceda de cualquier caso de maltrato, lesiones, abuso físico, psíquico, sexual, abandono, despojo, descuido o negligencia, explotación o cualquier otro caso que atente contra sus derechos o dignidad.